Bibliografische Information der Deutschen Nationalbibliothek:

Die Deutsche Bibliothek verzeichnet diese Publikation in der Deutschen National-
bibliografie; detaillierte bibliografische Daten sind im Internet über http://dnb.d-
nb.de/ abrufbar.

Impressum:

Copyright © 2010 GRIN Verlag, Open Publishing GmbH
Druck und Bindung: Books on Demand GmbH, Norderstedt Germany
ISBN: 9783656314004

Ernst Probst

Adrienne Bolland - Die erste Frau, die über die Anden flog

GRIN Verlag

Adrienne Bolland (1895–1975) um 1921

Ernst Probst

Adrienne Bolland

Die erste Frau,
die über die Anden flog

Adrienne Bolland (1895–1975)
gewidmet

Rathaus von Donnery

Die erste Frau, die über die Anden flog, war die französische Pilotin Adrienne Bolland (1895–1975). Bei ihrem strapaziösen Flug von Argentinien nach Chile über die Gebirgskette der Anden erreichte sie 1921 eine Höhe bis zu 4.500 Metern. Sie arbeitete als erste Testpilotin des französischen Flugzeugherstellers „Caudron". Als junge Frau machte sie in den 1920-er Jahren auch durch andere spektakuläre Flüge von sich reden

Die gutsituierten Eltern von Adrienne stammten beide aus Belgien. Ihr Vater war der Journalist und Schriftsteller Henri André Joseph Boland (1854–1909). Auf der Geburtsurkunde des Vaters ist der Familienname Bolland mit zwei „ll" eingetragen. Nachdem 1880 sein Familienname irrtümlich auf einem amtlichen Schriftstück in Arcueil nur mit einem „l" geschrieben wurde, behielt er die Schreibweise „Boland" bei. In vielen Büchern, die er veröffentlicht hat, steht der Autorenname „Henri Boland" auf dem Titcl.

Von 1880 bis 1882 leitete Henri Boland die Zeitung „National ". 1881 kaufte er das Haus „Les Charmettes" in Donnery im französischen Département Loiret. Dabei handelte es sich um das ehemalige Anwesen des Romanciers Pierre Alexis de Ponson du Terrail (1829–1871). Henri Boland heiratete 1882 Marie Joséphine Pasques (1853–1941). Seine Ehefrau war das zweite von acht Kindern einer angesehenen Familie. Deren Vorfahren hatten sich 1814 im Chateau d'Allonnes niedergelassen.

1883 floh Henri Boland wegen einer politischen Affäre mit seiner Ehegattin und seiner ersten Tochter Marie

Romancier Pierre Alexis de Ponson du Terrail
(1829–1871)

(1883–1966) auf die Insel Guernsey im Ärmelkanal. Dort kamen der Sohn Benoît (1885–1983) und die Tochter Bernardine (1887–1919) zur Welt. Auf Guernsey leitete Henri Boland die französisch-sprachige Zeitschrift „Le Bailliage", die von 1886 bis 1892 existierte.

1889 kehrte die Familie Boland nach Frankreich zurück und zog nach Arcueil (heute Arcueil-Cachan) im Département Val-de-Marne. Arcueil liegt etwa fünf Kilometer von der französischen Hauptstadt Paris entfernt und hatte 2009 mehr als 19.500 Einwohner. Das Stadtbild von Arcueil wird von drei Aquädukten beherrscht, von denen zwei noch heute in Funktion sind. Dabei handelt es sich um den gallo-römischen Aquädukt, den Aquädukt Médicis aus dem 17. Jahrhundert und den Aquädukt de la Vanne aus dem 19. Jahrhundert.

In Frankreich bekam die Familie Boland weitere Kinder: Antoinette (1890–1986), Dieudonnée (1892–1931), Edouard (1894-1895) und schließlich Adrienne (1895–1975). Die Angaben über die Zahl der Kinder der Familie Boland sowie deren jeweiliges Geburts- und Todesjahr verdankt der Autor dieser Kurzbiografie Coline Béry aus Cachan.

Adrienne Armande Pauline Boland wurde am 25. November 1895 als das jüngste von sieben Kindern in Arcueil-Cachan geboren. In manchen Biografien über sie ist nur von sechs Kindern die Rede. Dies liegt vermutlich daran, dass ihr Bruder Edouard in ihrem Geburtsjahr 1895 im frühen Kindesalter gestorben ist.

Es heißt, Adrienne habe nur schwer die Aufmerksamkeit ihres Vaters erringen können. Vielleicht war dies daran

Foto „Le viaduc, Arcueil"
von Adolphe Braun (1811–1877) von 1871

begründet, dass sie mehrere Geschwister hatte oder
daran, dass Henri Boland – wie viele andere Autoren –
wegen seiner Schriftstellerei wenig Zeit für seine Familie
hatte. Ihr Vater schrieb Reiseführer für den Verlag
„Hachette", arbeitete für den „Touring Club de France"
und fungierte zeitweise als dessen Präsident.
Als Kind war Adrienne ein wahrer Wildfang gewesen.
Früh lernte sie, ihren Willen durchzusetzen. Niemand
in ihrer Familie konnte ihre einmal gefasste Meinung
ändern. Sie wiederholte trotzig immer wieder ihre eigene
Auffassung. Aus diesem Grund wurde sie zuhause als
„kleiner Terror" bezeichnet. Ihr Durchsetzungsver-
mögen behielt sie auch als Erwachsene bei.
Von 1908 bis 1910 nahm Benoît Boland, der ältere
Bruder von Adrienne, an der Expedition des franzö-
sischen Arztes und Polarforschers Jean-Baptiste Charcot
(1867–1936) mit dem Schiff „Pourquoi-Pas?" (deutsch:
„Warum nicht?") als Seemann teil. Dabei sind die
Bellingshausen-See und Amundsen-See erforscht
worden.
Im Oktober 1909 wurde die Familie Boland von einem
schweren Schicksalsschlag getroffen. Damals erlebte
Adrienne im Alter von 14 Jahren den Tod ihres 55-
jährigen Vaters, der ihre Familie in finanzielle Nöte
stürzte.
Als junge Frau interessierte sich Adrienne Boland für
Autorennen, Glücksspiele und Partys. Im Herbst 1919
verlor sie einmal an der Rennstrecke viel Geld. Bei einem
anschließenden Trinkgelage in einem Restaurant am
Montmartre erklärte sie ihren Freunden, sie werde nicht
mehr zu den Rennen gehen, sondern wolle Fliegerin

*Flugzeugpionier René Caudron (1884–1959), rechts,
und Pilot Jean Cei (1880–1911) im April 1905*

werden. Mit den Einkünften als Pilotin wollte sie ihre Spielschulden tilgen. Ein Gast am Nachbartisch schlug Adrienne vor, sie solle sich an den Flugzeughersteller Caudron wenden.

Réne Caudron (1884–1959) hatte 1909 zusammen mit seinem älteren Bruder Gaston Caudron (1882–1915) zunächst ein Segelflugzeug und später auch motorgetriebene Flugzeuge hergestellt. Beide hatten am Strand von Le Crotoy (Département Somme) am Ärmelkanal einen Hangar errichtet und eine Flugschule gegründet, an der Franzosen und Ausländer – wie die Amerikanerin Bessie Coleman (1893–1926) – das Fliegen lernten. Gaston Caudron kam 1915 bei einem Flugversuch in Lyon (Frankreich) ums Leben. Die Caudron-Flugschule blieb bis 1928 in Le Crotoy und wurde später nach Ambérieu-en-Bugey (Departement Ain) verlegt. 1929 kam eine weitere Flugschule in Royan (Département Maritim) dazu.

Im Herbst 1919 ging Adrienne Boland zum Flugzeugpionier René Caudron und erklärte ihm, sie wolle fliegen lernen. Ihren Wunsch trug sie so überzeugt, vor, dass sie Gehör fand. Adrienne nahm ab 16. November 1919 an der Flugschule von Réne Caudron in Le Crotoy ihren Flugunterricht. Damals soll wegen eines Tippfehlers das zweite „l" in ihren Familiennamen eingefügt worden sein, heißt es. Danach habe sie die Schreibweise „Bolland" bis zum Ende ihres Lebens beibehalten.

Bereits eine Woche nach der Anmeldung wagte Adrienne Bolland ihren ersten Alleinflug. Sie hatte dabei Angst, fühlte sich krank, zeigte aber schon ein gewisses Gefühl für das Fliegen. In der Luft fühlte sie sich klein und bescheiden, aber auf dem Boden war sie unerträglich. Nach der ersten Landung fragte man sie, wie es war. Ihre Antwort lautete: „Sehr gut!" Wenn sie jemand bei den Flugstunden berechtigerweise kritisierte, reagierte sie sehr widerspenstig. Die Mutter soll nicht davon begeistert gewesen sein, dass Adrienne eine Pilotin werden wollte. Angeblich empfand die Familie von Adrienne dies als Skandal.

Adrienne Bolland war 24 Jahre alt, als sie am 26. Januar 1920 – zwei Monate und drei Tage nach ihrem ersten Flug in Le Crotoy – den Flugschein erhielt. Danach trug sie Réne Caudron ihren Wunsch vor, eine eigene Maschine für ihn zu fliegen. Dieser deutete auf eine seiner „Caudron G-III" und erklärte, wenn sie damit eine Schleife (einen Looping) fliegen könne, sei dies möglich. Adrienne ließ sich dies nicht zweimal sagen und bewies mit mehr Schleifen als nur einer einzigen ihr fliegerisches Können.

Bereits im Februar 1920 stellte die Flugzeugbaufirma Caudron die attraktive Adrienne Bolland als Pilotin ein. Sie war die erste Frau, die bei dieser Firma als Testpilotin arbeitete. Man wollte zeigen, dass die Maschine „Caudron G-III", ein zweisitziger Doppeldecker, sehr leicht zu handhaben sei, weil eine junge Frau sie fliegen konnte. Dieses Flugzeug sah angeblich aus wie eine „Rattenfalle", war aber sehr flexibel und stabil.

Réne Caudron schlug Adrienne Bolland vor, diese solle mit einer seiner Maschinen über den Ärmelkanal fliegen, eine Meeresstraße, die Frankreich und England trennt. Bevor Adrienne an den geplanten Start ging, feierte sie Mitte August 1920 mit Fliegerfreunden bis spät in die

Nacht in der belgischen Hauptstadt Brüssel. Réne Caudron wusste nichts von dem Abstecher seiner Pilotin nach Brüssel und wähnte diese bereits auf dem Flug über den Kanal. Am Tag nach der Feier in Brüssel berichteten Zeitungen, man habe nach einer verschollenen Fliegerin im Ärmelkanal gesucht. Nicht auf Anhieb begriff Adrienne, dass sie damit gemeint war. Schlagfertig konterte sie, sie hätte letzte Nacht ertrinken können, aber nicht im Wasser. Réne Caudron war über diese Eskapade seiner eigenwilligen Pilotin nicht begeistert. Nachdem ihm diese drohte, sie würde sein Flugzeug verkaufen, wenn er ihr kein Geld nach Brüssel schicken würde, kam er ihrem Wunsch nach. Adrienne kehrte nach Frankreich zurück, wo sie in einem kleinen Casino wieder einmal ihrer Spielleidenschaft frönte. Nach eigenem Eingeständnis war sie nie in der Lage, einem Spiel zu widerstehen.

Am 25. August 1920 überquerte Adrienne Bolland als zweite Frau im Flugzeug den Ärmelkanal (Englischer Kanal) zwischen Frankreich und England. Dieses Kunststück hatte 1912 die amerikanische Fliegerin Harriet Quimby (1875–1912) als erste Frau in umgekehrter Richtung von England nach Frankreich geschafft. Beim Flug über den Kanal herrschte dichter Nebel und Adrienne hatte Mühe, sich zu orientieren. Eine Methode, mit der sie den Weg nach Norden in Richtung England finden wollte, funktionierte ohne Sonnenschein nicht. Unterwegs hörte sie plötzlich einen schrecklichen Lärm, als der Flugzeugmotor ein Teil verlor. Nach der Notlandung an der englischen Küste rief sie auf dem Flugplatz Lympne an, worauf man sie

Harriet Quimby (1875–1912)
überflog 1912 als erste Frau den Ärmelkanal

abholte. Einer ihrer Retter murmelte „Lucky girl ... Lucky girl ...“

Neben Fliegerassen aus dem Ersten Weltkrieg wie Réne Fonck (1894–1953), Charles Nungesser (1892–1927), Bernard Barny de Romanet (1894–1921), Jean Casale (1893–1923) und Lucien Bossoutrot (1890–1958) sah man Adrienne Bolland beim „Grand meeting aérrien“ vom 8. bis 10. Oktober 1920 in Buc. Ihr Auftritt bei dieser Luftfahrtschau als einzige Frau, den sie in Abwesenheit und ohne Erlaubnis ihres Chefs Réne Caudron wagte, erregte in der Öffentlichkeit großes Aufsehen.

Als Adrienne Bolland erfuhr, der Flugzeughersteller Réne Caudron plane, in Südamerika seine Maschine des Typs „Caudron G-III“ vorzustellen, bewarb sie sich erfolgreich für diese Aufgabe. Im Januar 1921 traf Adrienne Bolland mit dem Mechaniker Réne Duperrier und zwei „Caudron G-III“ in der argentinischen Hauptstadt Buenos Aires ein. Die beiden Maschinen waren in Teile zerlegt, in große Kisten verpackt und wurden nach der Ankunft vom Mechaniker wieder zusammengebaut. Adrienne sollte in Südamerika mit Präsentationen der „Caudron G-III“ neue Kunden gewinnen.

Während Adrienne Bolland im Hotel „Majestic“ in Buenos Aires wohnte, forderten argentinische Zeitungen zu einem weiteren Flug über die Anden auf. Den ersten Anden-Überflug hatte am 12. Dezember 1918 der chilenische Leutnant Dagoberto Godoy (1893–1960) geschafft. Er war in El Bosque, etwa 40 Kilometer nördlich von Santiago de Chile, gestartet, in einer Höhe

Der chilenische Leutnant Dagoberto Godoy (1893–1960)
hat 1918 als Erster den Flug über die Anden geschafft.

Blick auf die Anden,
wie er sich Adrienne Bolland 1921 bei ihrem Flug bot

„Caudron G-III" im „Museu Aerospacial" in Rio de Janeiro

Adrienne Bolland vor ihrem Flugzeug

*Die amerikanische Pilotin Laura Ingalls (1901–1967)
überquerte 1934 die Anden*

von rund 6.300 Metern geflogen und nach 1 Stunde 35 Minuten in Lagunitas bei Mendoza (Argentinien) gelandet. Vor ihm hatten andere dies seit 1913 vergeblich versucht und ihr Vorhaben mit Verletzungen oder sogar mit ihrem Leben bezahlt.

Mitte März 1921 war Adrienne Bolland dazu bereit, den riskanten Flug über die Anden zu wagen. Für dieses waghalsige Vorhaben forderte sie per Telegramm von Réne Caudron eine stärkere Maschine. Aber ihr Chef lehnte per Telegramm ab und erklärte, sie solle selbst entscheiden, was sie nun tun wolle. Am 20. März 1921 fuhren Adrienne und ihr Mechaniker mit einer „Caudron G-IIII" per Zug nach Mendoza, die Hauptstadt der gleichnamigen argentinischen Provinz am Fuße der Anden.

Am 1. April 1921 feierte Adrienne Bolland, die bis dahin angeblich erst 40 Stunden Flugzeit geschafft hatte, ihren größten fliegerischen Triumph. An jenem Tag flog sie mit einer „Caudron G-III" in drei Stunden und 15 Minuten vom „Tamarinda Aerodrome" bei Mendoza (Argentinien) zur chilenischen Hauptstadt Santiago de Chile über die Anden. Die Anden sind mit rund 7.500 Kilometer Länge die längste Gebirgskette der Erde, teilweise mehr als 600 Kilometer breit und ihr größter Berg, der Aconcagua, ist 6.962 Meter hoch.

Der Start von Adrienne Bolland in Argentinien erfolgte nach 6 morgens (Ortszeit) und die Landung in Chile nach 10 Uhr morgens (Ortszeit). In der Literatur differieren die Angaben über die Uhrzeit von Start und Landung sowie über die Flugdauer. Mit zur Verwirrung trug bei, dass es damals zwischen Argentinien und Chile eine Zeitdifferenz von einer Stunde gab. In Argentinien beträgt die Zeitverschiebung im April minus fünf Stunden, in Chile dagegen sechs Stunden. Als Adrienne in Chile nach 10 Uhr (Ortszeit) ankam, war es in Argentinien erst nach 9 Uhr (Ortszeit). Bei der Flugdauer ist mal von 3 Stunden 17 Minuten, mal von 4 Stunden 17 Minuten und mal sogar von zehn Stunden die Rede. Letztere Angabe dürfte auf einem Missverständnis beruhen: Adrienne kam nach 10 Uhr (Ortszeit) und nicht nach zehn Stunden an.

Adrienne Bolland gilt als die erste Frau, die den Alleinflug über die Anden schaffte. In der Literatur wird diese bravouröse Leistung mitunter irrtümlich der amerikanischen Fliegerin Laura Ingalls (1901–1967) zugeschrieben, die aber in Wirklichkeit erst 1934 die Anden überquerte.

Für Adrienne Bolland war ihr Rekordflug über die Anden im Frühjahr 1921 ein gefährliches Abenteuer. Ihre Maschine des Typs „Caudron G-III" mit einem 80 PS starken Motor, einer Flügelspannweite von 13,40 Metern, einer Länge von 6,40 Metern, einer Höhe von 2,80 Metern, einem Leergewicht von 778 Kilogramm und einer Höchstgeschwindigkeit von 115 Stunden-kilometern eignete sich für den Flug über die Anden nicht ideal. Dieser Typ wurde im Ersten Weltkrieg (1914–1918) für militärische Beobachtungsflüge eingesetzt.

Noch kurz vor dem Start besaß Adrienne Bolland angeblich weder Karten noch irgendein genaueres Wissen über die gebirgige Gegend, die sie überfliegen wollte. Das klingt je nach Betrachtungsweise sehr mutig oder sehr leichtsinnig. Während des Fluges musste sie mit schwierigen Witterungbedingungen, eisiger Kälte, dünner Höhenluft und gesundheitlichen Problemen fertig werden. Unter ihrer Fliegerkluft trug sie seidene Pyjamas und dazwischen Zeitungen.

Teilweise flog Adrienne Bolland bis in eine Höhe von 14.750 Fuß (umgerechnet rund 4.500 Meter), obwohl ihr Flugzeug nur maximal 4.000 Meter hoch steigen sollte. Ihre Reisegeschwindigkeit betrug durchschnittlich 50 Meilen. Während des Fluges im offenen Cockpit und ohne Windschutzscheibe wurde das Sehvermögen von Adrienne beeinträchtigt. Ihre Nase und ihr Mund waren voller Blut, ihre Hände und Füße eiskalt. Sie fühlte sich benommen und konnte in der dünnen Atmosphäre kaum noch atmen. Manchmal wurde ihre Maschine nach unten gedrückt und sie musste sie mit ganzer Kraft wieder nach oben ziehen, wobei die Flügel flatterten und zitterten.

Als sie rund zehn „höllische" Minuten lang die Orientierung verlor, entdeckte Adrienne Bolland unten einen austerförmigen See, der ihr wieder den richtigen Weg wies. Kurz vor ihrem Start zum Flug über die Anden war sie nämlich nachts von einer Brasilianerin, die von ihr in der Zeitung erfahren hatte, im Hotel besucht worden und hatte den Rat erhalten, welche Richtung sie nach diesem See einschlagen sollte. Später erklärte die dem Okkultismus abholde Adrienne, die Brasilianerin sei ihr von einem Medium geschickt worden.

Die Empfehlung der Brasilianerin rettete vermutlich das Leben von Adrienne Bolland. Sie orientierte sich

Foto auf Seite 27:

Ein Wasserflugzeug
des französischen Flugzeugherstellers Caudron
wird auf ein Schiff verladen.
Diese Aufnahme entstand 1914,
als Adrienne Bolland noch nicht Pilotin war.

Adrienne Bolland (links)
mit der Journalistin Louise Favier (1870–1961), rechts,
als Passagierin

nach einem Tal rechts von ihr, flog nach links entlang einer schier unüberwindbar wirkenden hohen Felswand, wurde vom Wind hochgehoben, überquerte einen Pass, erreichte plötzlich stille Täler und sah endlich den Pazifik vor sich.

Adrienne Bolland landete nach ihrem spektakulären Flug über die Anden auf dem chilenischen Militärflugplatz Lo Espejo. In der Hauptstadt Santiago de Chile wurde sie anschließend begeistert von einer großen Menschenmenge empfangen. Man bezeichnete sie damals enthusiastisch als „Königin der Anden“. Der französische Konsul in Santiago de Chile nahm keine Notiz von Adrienne, weil er ihren Rekordflug irrtümlich für einen Aprilscherz gehalten hatte. Auch in ihrem Heimatland Frankreich blieb das fliegerische Abenteuer weitgehend unbemerkt.

Nach dem geglückten Anden-Überflug reiste Adrienne Bolland durch Chile, Argentinien und Uruguay. Einige Wochen lang erlebte sie in Südamerika Festivals, Empfänge und Auszeichnungen wie den „Order of Merit“ von Chile. Im Juli 1921 kehrte sie nach Frankreich zurück.

Ungefähr einen Monat später reiste Adrienne Bolland wieder nach Südamerika. Sie wollte dort ihren Ruhm als Andenfliegerin nutzen, um Flugzeuge von Caudron zu verkaufen.

Abenteuerlich verlief der geplante Flug der Pilotin Adrienne Bolland und des Mechanikers Réne Duperrier mit einem Wasserflugzeug von Rio de Janeiro (Brasilien) nach Buenos Aires (Argentinien). Hierfür musste Adrienne erst lernen, mit einem schweren Wasserflugzeug umzugehen, bevor sie im Februar 1922 starten konnte. Ein gebrochener Propeller beendete etwa 170 Kilometer von Rio de Janeiro entfernt jäh die Reise. Danach transportierte eine Karawane von Indios die zerlegte Maschine nach Santos, wo unter schwierigen Bedingungen die Reparatur vorgenommen wurde. Die Rückkehr nach Rio de Janeiro erfolgte per Schiff. Dort war der Zustand von Bolland und Duperrier so schlecht, dass sie ins Krankenhaus mussten. Kurze Zeit bestand sogar die Gefahr, dass ein Bein von Adrienne amputiert werden musste. Der Mechaniker Duperrier baute das Wasserflugzeug wieder zusammen, damit es bei der Internationalen Ausstellung in Rio de Janeiro präsentiert werden konnte. Bei einer Landung in der Nacht musste Adrienne auf dem Wasser einem Kanu ausweichen, worauf die Maschine auf die Böschung prallte und zerstört wurde.

Durch die Unbilden des Klimas und die Entbehrungen in Südamerika erkrankten Adrienne Bolland und der Mechaniker Réne Duperrier zu Beginn des Jahres 1923 an Keuchhusten und gerieten ins Lebensgefahr. Als es ihr Gesundheitszustand zuließ, wurde Adrienne wieder als Fliegerin aktiv. Am 24. Juni 1923 gewann sie zusammen mit der Journalistin Louise Favier (1870– 1961) als Passagierin auf dem Rücksitz den „Ladies Cup" in Touquet.

1923 wurde die neue Ehefrau von Réne Caudron eifersüchtig auf die attraktive und erfolgreiche Fliegerin Adrienne Bolland. Sie drängte ihren Ehemann, er solle Adrienne entlassen. Nachdem die Zusammenarbeit von Bolland mit Caudron endete, gründete Adrienne zusammen mit dem Piloten Ernest („Toto") Vinchon (1893–1966) und einer „Caudron C-127" ihre eigene Firma.

Im März 1924 erfuhr Adrienne Bolland eine große Ehre. In Anerkennung ihrer Verdienste für den Ruf der französischen Luftfahrt erhielt sie das Ritterkreuz der Ehrenlegion („Legion d'honneur"). Über diese hohe Auszeichnung berichtete auch die renommierte amerikanische Tageszeitung „New York Times". Die entsprechende Überschrift am 22. März 1924 lautete: „France Honors Aviators. Lecointe and Mlle. Bolland Get Legion Decorations".

Auf dem Flugplatz Orly in Frankreich glänzte Adrienne Bolland am 27. Mai 1924 in ihrer „Caudron C-127" als Kunstfliegerin. Sie schaffte mit 212 Loopings innerhalb von 73 Minuten einen neuen Weltrekord für Frauen. Am 28. Mai 1924 las man in der „New York Times": „Women Does 212 Air Loops".

In einem Interview mit der Zeitschrift „Icarus" gestand Adrienne Bolland später, eigentlich hätte sie 1.111 Schleifen fliegen wollen, um den damaligen männlichen Rekord ihres Freundes Alfred Fronval (1893–1928) vom 25. Februar 1928 zu brechen. Doch eine gebrochene Zündkerze zwang sie zur Aufgabe ihres ambitionierten Vorhabens.

Im September 1924 nahme Adrienne Bolland an einem Wettflug über Frankreich teil. Ihre Konkurrenten waren zehn männliche Piloten. Die Flugstrecke betrug rund 2.100 Kilometer. Am 18. September 1924 hieß es in der „New York Times": „Woman aviator ties with 10 men in race".

*Fliegerin Hélène Boucher (1908–1924),
eine Zeitgenossin von Adrienne Bolland*

Fliegerin Maryse Bastie (1898–1952),
eine Zeitgenossin von Adrienne Bolland, in den 1920-er Jahren

*Politikerin, Schriftstellerin, Journalistin
und Feministin Louise Weiss (1893–1983) im Jahre 1935
mit Suffragnetten
bei einer Aktion für das Frauenwahlrecht*

In der zweiten Hälfte der 1920-er Jahre gehörte Adrienne Bolland zusammen mit männlichen Fliegern dem berühmten „Geschwader Manet" an. Diese kleine Truppe sorgte immer wieder durch gewagte Flüge für Aufsehen. Zu diesem Geschwader gehörte der Pilot Ernest („Toto") Vinchon (1893–1966), der bald eine wichtige Rolle im Privatleben von Adrienne spielte. Während eines Fluges mit einer Passagierin in der Gegend von Le Bourget im April 1930 geriet Adrienne Bolland in große Not, weil jemand das Steuerkabel ihrer Maschine angesägt hatte. Dies bewirkte, dass die Rippen nicht reagierten und sich das Flugzeug zu drehen begann. Bei der Notlandung berührte das Flugzeug einige Telegraphendrähte und prallte auf das Dach eines Schuppens. Wie durch ein Wunder blieben die beiden Frauen weitgehend unverletzt. Die Maschine dagegen wurde irreparabel beschädigt. Schuld an diesem Unglück war ein Sabotageakt. Jemand hatte das Steuerkabel angesägt.

1930 gab es aber auch glückliche Momente für Adrienne Bolland. Damals heiratete sie den Flieger Ernest Vinchon, den sie schon seit sechs Jahren kannte. Die Beiden hatten eine große Sympathie für linke Politik.

Die Fliegerinnen Adrienne Bolland, Hélène Boucher (1908–1924) und Maryse Bastie (1898–1952) unterstützten die Politikerin, Schriftstellerin, Journalistin und Feministin Louise Weiss (1893–1983) bei ihrem Kampf ab 1934 für das Frauenwahlrecht in Frankreich. Zusammen mit ihrem Ehemann Ernest half Adrienne den Republikanern in Spanien während des „Spanischen Bürgerkrieges" (1936–1939). Adrienne und Ernest rekrutierten Piloten für die von dem französischen Schriftsteller, Abenteurer und Politiker André Maulraux (1901–1970) aufgebaute Flugzeugstaffel „Espana". Malraux hatte das Kommando, obwohl er selbst nicht fliegen konnte. Wegen ihrer politischen Anschauungen zog sich Adrienne den Hass von Andersdenkenden zu, wurde das Opfer von Sabotageakten und überlebte wie durch ein Wunder schwere Unfälle.

Die Flugzeugfirma „Caudron", für die Adrienne Bolland zeitweise gearbeitet hatte, war bis 1933 erfolgreich. Dann geriet sie in finanzielle Schwierigkeiten, wurde von dem französischen Industriellen Louis Renault (1887–1944) am 1. Juli jenes Jahres aufgekauft und in „Société anonyme des avions Caudron" umbenannt. Diese Firma konzentrierte sich nur noch auf den Bau von Leichtflugzeugen.

Während des Zweiten Weltkrieges (1939–1945) hatten Adrienne Bolland und ihr Ehemann Ernest Vinchon eine aktive Rolle in der französischen Widerstandsbewegung gegen die deutschen Besatzer. Bereits nach dem Waffenstillstand zwischen Deutschland und Frankreich im Jahre 1940 schlossen sie sich dem Netzwerk „Centurio" an. Ab März 1942 nahmen sie an gefährlichen Widerstands-Operationen teil. Sie gehörten einem Kreis von Männern und Frauen an, welche die Alliierten mit Informationen über die deutschen Besatzer versorgten. Am 8. August 1943 wurde Ernest verhaftet.

Im Januar 1944 planten Adrienne Bolland und einige Freunde die Flucht aus Frankreich nach England. Hierfür wollten sie sich eines Flugzeugs bemächtigen, das ein deutscher Offizier bewachte. Während man deutsche Soldaten betrunken machte, inspizierte Adrienne das kleine Flugzeug. Weil dieses nur eine kurze Reichweite hatte, gab man den Fluchtplan aber wieder auf.

Im Frühjahr 1971 feierte die Fluggesellschaft „Air France" das 50. Jubiläum des Andenfluges von Adrienne Bolland vom 1. April 1921. „Air France" charterte hierfür eine „Boeing 707", die Adrienne und 30 ihrer Freunde nach Südamerika brachte. Die Tour führte von Rio de Janeiro über Sao Paulo, Montevideo, Buenos Aires, und Mendoza nach Santiago de Chile. In Mendoza (Argentinien) krönte man sie zur Erntekönigin und überreichte ihr die Schlüssel der Stadt. Gegenüber einem Journalisten erklärte Adrienne, das Jubiläum ihres Andenfluges interessiere sie nicht. Sie sei viel mehr daran interessiert, was jetzt passiere, als daran, was vor 50 Jahren geschehen sei.

Ihre fliegerischen Erfolge sind Adrienne Bolland auch sonst nicht zu Kopf gestiegen. Darauf deutet ihr kluger Ausspruch „Ehre ist flüchtig" hin.

Die letzten Jahre ihres Lebens verbrachte Adrienne Bolland in Donnery. Wie erwähnt, hatte ihr Vater dort 1881 ein Haus erworben.

Am 18. März 1975 ist Adrienne Bolland im Alter von 79 Jahren in Paris gestorben. Kurz vor ihrem Tod hatte sie zu einem Freund gesagt, sie wolle sich nicht ausruhen, der Tod mache ihr keine Angst. Sie fand auf dem Friedhof von Donnery ihre letzte Ruhe. An ihrer Beerdigung nahmen nur wenige Trauergäste teil. Darunter waren ihr Bruder Benoît und alte Fliegerkameraden.

In belgischen und französischen Städten erinnert der Straßenname „Rue Adrienne Bolland" an die berühmte französische Fliegerin mit belgischen Wurzeln. Beispielsweise in Gosseliers (Belgien) sowie André-zieux-Bouthéon, Charleroi, La Ferté-Alais, Le Maire Michèle, Marbeuge, Poissy, Saint-Sébastien-sur-Loire, und Voisins-le-Bretonneux. In Possy trägt eine Be-rufsschule ihren Namen, in Bessières (Haute Garonne) ein College. Im Oktober 2005 hat man Adrienne Bolland in Frankreich auf einer Briefmarke im Nennwert zu 2 Euro abgebildet. Eine Ansichtskarte aus der Zeit um 1921 mit einem Foto und mit eigenhändiger Unterschrift von Adrienne auf der Vorderseite wurde im Internet zum Preis von 1.500 US-Dollar angeboten.

Daten und Fakten

4. Juni 1784: Die französische Opernsängerin Elisabeth Thible, nach anderer Schreibweise auch Tible, fliegt in Lyon als erste Frau in einem Heißluftballon (Montgolfière) mit.

10. November 1798: Die Französin Jeanne Labrosse (1775–1845), die Ehefrau des Luftakrobaten André-Jacques Garnerin (1769–1823), unternimmt als erste Frau selbstständig einen Flug in einem Ballon.

12. Oktober 1799: Jeanne Labrosse wagt als erste Frau der Welt aus einer Höhe von rund 900 Metern einen Fallschirmsprung.

7. Juli 1819: Die erste professionelle Luftschifferin Frankreichs, Madeleine Sophie Blanchard (1778–1819), kommt in Paris bei einer Ballonfahrt als erste Frau beim Fliegen ums Leben.

Um 1850: Die französische Fallschirmspringerin Rosalie Poitevin (1819–1908) stellt in Parma (Italien) mit einem Sprung aus rund 2.000 Metern einen Frauenrekord auf, der erst 1931 von der Deutschen Lola Schröter (1906–1953) überboten wird.

4. Juli 1880: Mary Hawley Myers (1849–1932) unternimmt in Little Falls (New York) als erste Amerikanerin einen Alleinflug mit einem Ballon.

19. Juli 1893: Käthe Paulus (1868–1935) unternimmt in Nürnberg (Bayern) zusamen mit ihrem Verlobten Hermann Lattemann (1852–1894) ihren ersten Ballonflug. Sie gilt als erste Luftschifferin in Deutschland.

1893: Die Luftschifferin Käthe Paulus wird in Elberfeld bei Wuppertal die erste deutsche Fallschirmspringerin.

9. Juli 1903: Die Amerikanerin Aida de Acosta (1884–1962) unternimmt in Paris als erste Frau einen Alleinflug in einem lenkbaren Luftschiff.

1906: Die Amerikanerin E. Lillian Todd (1865–1937) entwirft und baut als erste Frau ein Flugzeug, das allerdings nie fliegt.

8. Juli 1908: Die französische Bildhauerin Therésè Peltier (1873–1926) unternimmt in Turin (Italien) an Bord eines Doppeldeckers zusammen mit dem französischen Piloten Léon Delagrange (1873–1910) den ersten Flug mit einem weiblichem Passagier.

7. Oktober 1908: Edith Berg fliegt als erste Amerikanerin in Le Mans (Frankreich) in einem Flugzeug mit. Sie ist eine Passagierin des amerikanischen Luftpioniers Wilbur Wright (1867–1912) und die Ehefrau von Hart O. Berg, des europäischen Agenten von Wright.

26. Oktober 1909: Die Französin Marie Marvingt (1875–1963) fliegt als erste Frau mit einem Ballon von Frankreich nach England.

8. März 1910: Die französische Schauspielerin Raymonde de Laroche (1844–1919) wird die erste Pilotin der Welt.

9. April 1910: Hélène Dutrieu (1877–1961) wird die erste Pilotin in Belgien.

19. April 1910: Hélène Dutrieu fliegt als erste Frau der Welt einen Passagier.

Sommer 1910: Hilda Hewlett (1864–1943) wird Mitbegründerin der ersten Flugschule in England.

2. September 1910 (oder 6. September oder Mitte Oktober): Blanche Stuart Scott (1889–1970) wird angeblich die erste amerikanische Pilotin. Ihr Flug wird von der „Aeronautical Society of America" nicht anerkannt, weil er zufällig erfolgt.

16. September 1910: Bessica Medlar Raiche (1875–1932) wird angeblich die erste amerikanische Pilotin.

8. November 1910: Marie Marvingt wird die dritte Frau mit Pilotenlizenz in Frankreich.

1. August 1911: Harriet Quimby (1875–1912) wird die erste Amerikanerin mit Pilotenlizenz.

10. August 1911 (4. September 1911) : Lidija Swerewa (1890–1916) wird die erste Pilotin in Russland.

17. August 1911: Matilde Moissant (1878–1964) wird die zweite Amerikanerin mit Pilotenlizenz.

29. August 1911: Hilda Hewlett wird erste Britin mit Pilotenlizenz.

4. September 1911: Harriet Quimby unternimmt als erste Frau einen Nachtflug.

13. September 1911: Melli Beese-Boutard (1886–1925) legt als erste Deutsche die Pilotenprüfung ab.

10. Oktober 1911: Beatrix de Rijk (1883–1958) wird eine der ersten Pilotinnen in Holland.

Dezember 1911: Die Amerikanerinnen Harriet Quimby und Matilde Moisant (1878–1964) unternehmen als erste Pilotinnen einen Flug über Mexiko.

16. April 1912: Harriet Quimby überfliegt als erster weiblicher Pilot den Ärmelkanal (Englischer Kanal).

Juli 1912: Lilly Steinschneider (1891–1975) wird die erste Pilotin in Österreich-Ungarn.

2. September 1912: Die Französin Jeanne Pallier (1871–1939) fliegt bei ihrer Pilotenprüfung als erste Frau über Paris.

1912: Die Pilotin Ruth Law (1887–1970) fliegt als zweite Amerikanerin bei Nacht.

21. November 1912: Die russische Pilotin Ljuba Galanschikoff (1884–1968) stellt einen Höhenweltrekord für Frauen auf. Sie erreicht mit einem geliehenen Fokker-Eindecker eine Höhe von 2.000 Metern.

5. Januar 1913: Rosina Ferrario (1888–1959) wird die erste Pilotin in Italien, die vor dem Ersten Weltkrieg eine Fluglizenz erhält,

31. Juli 1913: Die amerikanische Pilotin Alys McKey („Tiny") Bryant (1880–1954) unternimmt in Vancouver den ersten Flug einer Frau in Kanada. Ihre Flüge in Kanada waren Teil des Unterhaltungsprogramms für den Prinzen von Wales und den Herzog von York, die Vancouver und Victoria be-suchen.

20. August 1913: Ljuba Galanschikoff unternimmt zusammen mit dem Piloten Léon Letort (1888–1913) den ersten Flug innerhalb eines Tages von Berlin nach Paris.

September 1913: Katherine Stinson (1891–1977) betätigt sich in Montana als erste Luftpostpilotin der USA.

1913: Hélène Dutrieu wird erstes weibliches Mitglied der „Pariser Luftwache" und schützt die französische Hauptstadt im Ersten Weltkrieg (1914–1918) vor Angriffen deutscher Flugzeuge und Militärluftschiffe.

19. Mai 1914: Die russische Pilotin Lydija Swerewa (1890–1916) fliegt in Riga (Litauen) als erste Frau einen Looping (Kunstflugfigur in senkrechter Kreisbahn).

6. Juni 1914: Else Haugk (geboren 1889) wird die erste Pilotin der Schweiz.

1914: Prinzessin Eugenie Michailowna Shakhovskaya (1889–1920) wird die erste russische Militärpilotin. Sie unternimmt als Fähnrich im Dienste des Zaren etliche Aufklärungsflüge.

1915: Marjorie Stinson (1896–1975 und Katherine Stinson (1891–1977) betreiben mit ihrer Mutter Emma Beaver Stinson in Texas die erste von Frauen geleitete Flugschule.

17. Januar 1915: Ruth Law (1887–1970 wagt in Daytona Beach (Florida) als erste amerikanische Pilotin einen Looping. Katherine Stinson glückt dieses Kunststück am 18. Juli 1915 über dem Flugplatz „Cicero Field" in Chicago.

1915: Nahdeshda Degtera, deren Geburts- und Todesdatum unbekannt sind, ist die erste russische Pilotin, die bei einem Kampfeinsatz im Ersten Weltkrieg verwundet wird.

1916: Die Deutsche Käthe Paulus erfindet den zusammenlegbaren Fallschirm.

12. Juni 1919: Raymonde de Laroche stellt einen Höhen-Weltrekord für Frauen auf (4.800 Meter).

1919: Ruth Law befördert als erster Flieger Luftpost zu den Philippinen.

30. Mai 1920: Elsa Andersson (1897–1922) wird die erste schwedische Pilotin.

15. August 1920: Die amerikanische Pilotin Laura Bromwell (1899–1920) fliegt 87 Loopings und schafft damit einen Weltrekord.

1. April 1921: Die französische Pilotin Adrienne Bolland (1896–1975) fliegt als erste Frau über die Anden.

Mai 1921: Laura Bromwell fliegt 199 Loopings und stellt damit einen neuen Weltrekord auf.

15. Juni 1921: Die schwarze Amerikanerin Bessie Coleman (1893–1926) erhält in Frankreich ihre Fluglizenz und wird die erste afro-amerikanische Pilotin.

2. Oktober 1921: Elsa Andersson ist nach einem Absprung in Kristianstad die erste schwedische Fallschirmspringerin.

8. April 1922: Teresa de Marzo (1903–1986) wird die erste Pilotin in Brasilien.

1922: Tadashi Hyodo (1899–1980) wird die erste Pilotin in Japan.

3. September 1922: Bessie Coleman unternimmt den ersten öffentlichen Flug einer afro-amerikanischen Pilotin in den

USA. Dabei springt der farbige Stuntman Hubert Fauntleroy Julian mit einem Fallschirm ab.

Oktober 1922: Lillian Gatlin aus Santa Ana (Kalifornien) wird die erste Passagierin bei einem Flug über Amerika. Sie reist von San Francisco (Kalifornien) nach Mineola (New York). Der 2.680 Meilen-Nonstop-Flug dauert 27 Stunden 11 Minuten.

1925: Thea Rasche (1899–1971) wird erste Deutsche mit Kunstflugschein.

1925: Kwon Ki-ok (1901–1988) wird die erste Pilotin aus Korea.

1925: Lady Mary Heath (1896–1939) erhält als erste Frau in Großbritannien eine kommerzielle Fluglizenz.

28. März 1927: Millicent Maude Bryant (1878–1927) wird die erste Pilotin in Australien.

Mai 1927: Lady Mary Heath stellt mit 17.000 Fuß (umgerechnet 5.100 Meter) einen Höhen-Weltrekord für Leichtflugzeuge auf.

September 1927: Elinor Smith wird im Alter von 16 Jahren die damals jüngste Pilotin der USA.

1927: Phoebe Fairgrave Omlie (1902–1975) wird die erste von der „Civil Aeronautics Administration" („CAA") zugelassene Flugzeugmechanikerin der USA.

1927: Lady Mary Heath unternimmt als erste Frau einen Alleinflug von Südafrika nach England.

1927: Die irische Pilotin Mary Bayley (1890–1960) fliegt als erste Frau über die Irische See.

Oktober 1927: Die Amerikanerin Ruth Elder (1902–1977) scheitert beim Versuch einer Atlantiküberquerung von England nach Amerika.

Ende August 1927: Prinzessin Anne Löwenstein-Wertheim (1864–1927) scheitert beim Versuch einer Atlantiküberquerung von England nach Amerika und kommt dabei ums Leben.

Januar 1928: Ruth Rowland Nichols (1901–1960) unternimmt zusammen mit dem Piloten Harry Rogers den ersten Nonstop-Flug von New York nach Miami (Florida).

17. und 18. Juni 1928: Die amerikanische Fliegerin Amelia Earhart (1897–1937) fliegt zusammen mit dem Piloten Wilmer Stultz (1899–1929) und dem Mechaniker Louis Gordon von New York nach Paris. Sie ist die erste Frau, die an Bord eines Flugzeuges den Atlantik überquert.

27. Juli 1928. Lady Mary Heath fliegt als erste Frau der Welt ein Passagierflugzeug. Der Start erfolgt in Amsterdam (Niederlande), die Landung in Croydon (Großbritannien).

1928: Maryse Bastié (1898–1952) erwirbt als erste Französin den Führerschein für Passagierflugzeuge.

1928: Die deutsche Pilotin Marga von Etzdorf (1907–1933) wird erste Kopilotin der „Deutschen Luft Hansa".

1928: Die irische Pilotin Mary Heath fliegt als erste Frau allein vom „Kap der Guten Hoffnung" (Südafrika) nach Kairo (Ägypten).

1928: Die amerikanische Pilotin Phoebe Fairgrave Omlie fliegt als erste Frau mit einem Leichtflugzeug über die Rocky Mountains.

Oktober 1928: Die deutsche Pilotin Erika Naumann stellt zusammen mit dem schweizerischen Fliegerhauptmann Wirth bei einem Flug von Böblingen (Süddeutschland) nach Wilna (Litauen) einen Weltrekord auf. Die Flugstrecke beträgt 1.305 Kilometer.

17. Dezember 1928: Die amerikanische Pilotin Marjorie Stinson wird bei der Gründungsversammlung der „Early Birds“ in Chicago das erste weibliche Mitglied. Bedingung für die Aufnahme bei den „Early Birds“ ist für Amerikaner, dass sie bereits vor dem Eintritt der USA in den Ersten Weltkrieg am 17. Dezember 1916 erstmals allein geflogen sind. Für Piloten aus Europa gilt der 4. August 1914 als Stichtag für die Aufnahme bei den „Early Birds“.

1928/1929: Mary Bailey (1890–1960) fliegt als erste Frau allein von England nach Südafrika und wieder zurück. Hinflug vom 9. März bis 30. April 1928, Rückflug vom September 1928 bis 16. Januar 1929.

2. Januar 1929: Evelyn („Bobby“) Trout unternimmt in Los Angeles (Kalifornien) als erste Frau einen Ganze-Nacht-Flug, der 12 Stunden 11 Minuten dauert.

1929: Florence „Pancho“ Barnes“ (1901–1975) wird die erste amerikanische Stuntpilotin. Sie wirkt in dem Film „Hells Angels“ mit, der 1929 in die Kinos kommt.

1929: Phoebe Fairgrave Omlie wird die erste amerikanische Transportpilotin.

1929: Ilse Esser (1898–1994) promoviert als erste Deutsche in Luftfahrttechnik.

August 1929: Die britische Reporterin Grace Marguerite Hay Drummond-Hay (1895–1946) fliegt als erste Frau mit einem Luftschiff um die Welt. Der Flug erfolgt im deutschen Luftschiff „LZ-127 Zeppelin".

18. bis 26. August 1929: Die amerikanische Pilotin Louise Thaden (1905–1979) gewinnt das erste „Cleveland Women's Air Derby", den ersten Überlandflug-Wettbewerb für Pilotinnen, der scherzhaft als „Powder-Puff-Derby" bezeichnet wird. Der Start erfolgt in Santa Monica (Kalifornien), Ziel ist Cleveland (Ohio), gesamte Flugstrecke mehr als 2.700 Meilen (rund 4.500 Kilometer). Zweite wird Gladys O'Donnel, Dritte Amelia Earhart. Beim legendären „Powder-Puff-Derby" gehen ingesamt 20 Pilotinnen an den Start, von denen 18 aus den USA stammen: Florence („Pancho") Barnes, Marvel Crosson, Amelia Earhart, Ruth Elder, Claire Fahy, Edith Foltz, Mary Haizlip, Jessie Keith-Miller (Australien), Opal Kunz, Ruth Nichols, Gladys O'Donnell, Phoebe Omlie, Neva Paris, Margaret Penny, Thea Rasche (Deutschland), Louise Thaden, Bobbi Trout, Mary von Mach und Vera Dawn Walker. Davon erreichen 13 Frauen das Ziel. Den scherzhaften Begriff „Powder-Puff-Derby" („Puderquastenrennen") hat der Komiker Will Rogers (1879–1935) geprägt. Er beruht auf dem Kosmetik-Utensil, mit dem sich die Pilotinnen nach den Landungen puderten.

2. November 1929: Amelia Earhart gründet zusammen mit vier anderen bekannten Pilotinnen auf dem Flugplatz „Curtiss Field" in Valley Stream, Long Island (New York), den „Club der Neunundneunzig" („Ninety Nines"), der die Stellung der Frauen in der Luftfahrt stärken soll. Einen solchen Club hatte

Clara Trenckman Studer, eine flugbegeisterte Assistentin und Helferin ohne Pilotenschein, angeregt. Die Einladung zur Gründungsversammlung war am 9. Oktober 1929 an 117 Pilotinnen in den USA verschickt und von Fay Gillis, Margorie Brown, Frances Harrel und Neva Paris unterzeichnet worden. Zur Gründungsversammlung kommen 26 Pilotinnen nach Valley Stream, nur vier davon mit dem Flugzeug, die anderen wegen schlechten Wetters mit dem Zug. Ein zweites Treffen erfolgt am 14. Dezember 1929 in New York City. Dabei macht Jean Davis Hoyt (gestorben 1988) den Vorschlag, den Club nach der Zahl der Frauen in den USA zu benennen, die einen Pilotenschein besitzen und Interesse an der Gründung des Clubs zeigen. Neva Paris soll die Wahl einer Präsidentin koordinieren, doch sie kommt Anfang 1930 bei einem Flugzeugabsturz ums Leben. Louise Thaden fungiert als „provisorische Präsidentin" des Clubs. Bald gehörten 99 Fliegerinnen zum Club und dessen Name steht fest. 1931 wird Amelia Earhart zur Präsidentin gewählt und bleibt dies bis 1933. „Ninety Nines" behauptet sich bis heute und zählt derzeit weltweit mehr als 20.000 Mitglieder.

November 1929: Die amerikanischen Pilotinnen Evelyn („Bobby") Trout (1906–2003) und Elinor Smith (geb. 1911) unternehmen den ersten Frauenflug mit Luftbetankung.

Dezember 1929: Amy Johnson (1903–1941) wird die erste Flugzeugmechanikerin in Großbritannien.

5. bis 24. Mai 1930: Die britische Pilotin Amy Johnson-Mollisson (1903–1941) fliegt als erste Frau allein von England nach Australien.

1930: Die britische Fliegerin Beryl Markham (1902–1986) wird die erste Berufspilotin Afrikas.

1930: Anne Morrow Lindbergh (1906–2001) wird die erste Segelfliegerin der USA.

6. März 1931: Ruth Rowland Nichols stellt mit 8.760,9 Metern einen Höhen-Weltrekord für Frauen auf.

13. April 1931: Ruth Rowland Nichols stellt mit 339,1 Stundenkilometern einen Geschwindigkeits-Weltrekord für Frauen auf.

1931: Leyla Mammadbeyova (1909–1989) wird die erste Pilotin in Aserbaidschan.

Juni 1931: Ruth Rowland Nichols scheitert beim Atlantiküberflug.

18. bis 29. August 1931: Die deutsche Pilotin Marga von Etzdorf (1907–1933) fliegt allein von Berlin nach Tokio.

1931: Pauline Mary Gower (1910–1947) betreibt den ersten Lufttaxidienst in Großbritannien.

1931: Die deutsche Pilotin Vera von Bissing (1906–2002) beherrscht als einzige Frau den Looping nach vorn.

1931: Die deutsche Fallschirmspringerin Lola Schröter (1906–1953) stellt mit einem Sprung aus 6.000 Metern Höhe einen Frauenrekord auf.

Oktober 1931: Hazel Ying Lee (1912–1944) erhält als eine der ersten chinesisch-amerikanischen Frauen eine Fluglizenz.

4. Dezember 1931: Die deutsche Fliegerin Elly Beinhorn (1907–2007) startet zu einem erfolgreichen Weltflug. Sie ist

die erste Frau, die alle fünf Erdteile mit dem Flugzeug überfliegt.

26. Dezember 1931: Die australische Pilotin Maude Rose „Lores" Bonney (1897–1994) unternimmt den längsten Ein-Tages-Flug einer Frau von Brisbane nach Wangaratta (1.600 Kilometer).

20. Mai 1932: Die amerikanische Fliegerin Amelia Earhart fliegt mit einem einmotorigen Flugzeug als erste Frau über den Atlantik. Sie startet in Harbor Grace (Neufundland) und landet unweit von Londonderry (Nordirland).

Mai 1932: Die deutsche Schauspielerin und Pilotin Antonie Strassmann (1901–1952) fliegt an Bord des Flugschiffes „Do-X" von den USA nach Deutschland. Sie ist die erste Europäerin, die als fliegender Passagier den Atlantik über-quert.

August/September 1932: Maude Rose „Lores" Bonney fliegt als erste Frau um Australien.

5. September 1932: Die amerikanische Pilotin Mary Haizlip (1910–1997) stellt in Cleveland (Ohio) mit 405,92 Stunden-kilometern einen Geschwindigkeitsrekord für Frauen auf.

1932: Die Chinesin Katherine Cheung (1904–2003) wird die erste Asiatin mit Pilotenlizenz in den USA.

1932: Ruthy Tu (gestorben 1969) wird die erste Pilotin in der Chinesischen Armee.

1932: Die deutsche Pilotin Rosl Richter und ihr Ehemann unternehmen mit einem Leichtflugzeug einen Weltflug.

1932: Der Fallschirmspringerin Lola Schröter gelingt ein Rekordsprung aus 7.300 Metern Höhe.

1932: Luise Hoffmann (1910–1935) wird erste Werkspilotin in Deutschland.

1932: Phoebe Fairgrave Omlie wird die erste Regierungsbeamtin für Luftfahrt in den USA.

1932: Fay Gillis Wells (1908–2002) fliegt als erste Amerikanerin ein sowjetisches Zivilflugzeug.

10. bis 21. April 1933: Maude Rose „Lores" Bonney fliegt mit einer Maschine des Typs „Gipsy Moth" namens „My little Ship" als erste Frau von Australien nach England (Start in Brisbane, Landung in London. Flugstrecke rund 20.000 Kilometer).

1933: Freda Thompson (1909–1980) wird die erste Fluglehrerin in Australien.

1934: Die Französin Maryse Bastie (1898–1952) fliegt als erste Frau von Paris nach Tokio und zurück.

28. Januar bis 25. April 1934: Die Amerikanerin Laura Ingalls (1901–1967) unternimmt als erste Frau einen Alleinflug von Nordamerika nach Südamerika.

21. März 1934: Laura Ingalls fliegt als erste Amerikanerin über die Anden.

Mai 1934: Die Neuseeländerin Jean Batten (1909–1982) unternimmt als erste Frau einen Flug von England nach Australien und zurück.

28. September bis 6. November 1934: Die australische Pilotin Freda Thompson unternimmt den ersten Alleinflug einer Frau von England nach Australien. Während dieser 39 Tage langen Flugreise muss sie 20 Tage auf ein Ersatzteil warten.

23. Oktober 1934: Die amerikanische Ballonfahrerin Jeannette Piccard (1895–1981) fliegt als erste Frau in die Stratosphäre: Sie steigt zusammen mit ihrem Ehemann Jean-Felix Picard (1884–1963) über dem Erisee in eine Höhe von 17.550 Metern auf.

31. Dezember 1934: Die Amerikanerin Helen Richey (1909–1947) wird die erste Pilotin bei einer planmäßigen Airline („Central Airlines“).

Anfang 1935: Der amerikanischen Fliegerin Amelia Earhart glückt der erste Flug von Hawaii zum amerikanischen Festland. Diese Route ist länger als die Strecke von den USA nach Europa.

April 1935: Liesel Zangenmeister stellt in Rossitten (Ostpreußen) mit 12 Stunden 57 Minuten einen Dauer-Weltrekord im Segelflug auf.

1935: Amelia Earhart unternimmt als Erste einen Alleinflug von Los Angeles (Kalifornien) nach Mexico City (Mexiko), Flugzeit 13 Stunden 23 Minuten.

1935: Amelia Earhart unternimmt als Erste einen Alleinflug von Mexico City nach Newark, Flugzeit 14 Stunden 19 Minuten.

Ende 1935: Jean Batten fliegt als erste Frau von England nach Südamerika (Brasilien), Flugstrecke rund 5.000 Meilen (umgerechnet 8.000 Kilometer), Flugzeit 61 Stunden 15 Minuten

1936: Katarina Matanovic-Kulenovic (1913–2003) wird die erste kroatische Pilotin.

4. September 1936: Louise Thaden (1905–1979) und Blanche Noyes (1900–1981) besiegen als erste Frauen bei einem Flugwettrennen („Bendix Trophy Race") männliche Piloten. Sie fliegen sie von New York City nach Los Angeles in 14 Stunden 55 Minuten und stellen damit einen Weltrekord auf.

4./5. September 1936: Die englische Pilotin Beryl Markham (1902–1986) fliegt als erste Frau allein von London (England) über den Atlantik nach Nova Scotia (Kanada).

1936: Jean Batten fliegt als erste Frau über den Südatlantik.

1936: Laura Ingalls fliegt als erste Frau nonstop von der Ostküste zur Westküste der USA.

März 1937: Jean Burns wird im Alter von 17 Jahren die jüngste Pilotin in Australien.

17. Mai 1937: Die deutsche Fliegerin Hanna Reitsch (1912–1979) wird als erste Frau der Welt ehrenhalber zum Flugkapitän ernannt. Dieser Titel war sonst Flugzeugführern der „Deutschen Lufthansa" vorbehalten.

Mai 1937: Hanna Reitsch überquert als erste Pilotin der Welt im Segelflug die Alpen.

Juni 1937: Die deutsche Pilotin Eva Schmidt (1914–1945) erreicht eine Weltbestleistung im Segelflug-Streckenflug für

Frauen vom Hornberg (Schwäbische Alb) nach Plauen im Vogtland (Sachsen) und einen Dauerflug-Rekord von 14 Stunden.

Juni 1937: Inge Wetzel stellt in Rossitten (Ostpreußen) mit 18 1/2 Stunden einen Segelflug-Weltrekord im Dauerflug auf, wird aber bereits im Juli 1937 von Feodora Schmidt übertroffen.

1937: Amelia Earhart fliegt – im Rahmen ihrer Erdumrundung – als Erste vom Roten Meer nach Indien.

2. Juli 1937: Amelia Earhart und ihr Navigator Fred Noonan (1893–1937) kehren von ihrer geplanten spektakulären Erdumrundung nicht mehr zurück. Um das ungeklärte Verschwinden der Beiden im Pazifik ranken sich zahlreiche Legenden.

4. Juli 1937: Hanna Reitsch fliegt in Bremen als erste Frau einen Hubschrauber.

1937: Maude Rose „Lores" Bonney fliegt als erste Frau allein von Australien (Brisbane) nach Südafrika (Kapstadt), Flugstrecke 29.088 Kilometer.

1937: Sabiha Gökcen (1913–2001) wird die erste Kampfpilotin der Türkei. Sie fliegt Kampfeinsätze in Thrakien und in der Ägäis.

1937: Die deutsche Fliegerin Melitta Schenk Gräfin von Stauffenberg (1903–1945), geborene Melitta Schiller, besitzt als einzige Frau Deutschlands alle Flugzeugführerscheine für sämtliche Klassen von Motorflugzeugen und Segelflugzeugen sowie den Kunstflugschein.

1937: Die Argentinierin Susanna Ferrari Billinghurst (1914–1999) erwirbt als erste Frau in Südamerika einen kommerziellen Pilotenschein.

1937: Die russischen Pilotinnen Marina Raskowa (1912–1943) und Walentina Stepanowna Grisodubowa (1910–1993) stellen mit einem Nonstop-Flug über 1.443 Kilometer einen Frauenweltrekord auf.

1937: Die amerikanische Fliegerin Jacqueline Cochran (1906–1980) macht als erste Frau einen Blindflug (Instrumentenlandung).

28. Oktober 1937: Melitta Schenk Gräfin von Stauffenberg erhält – nach Hanna Reitsch – als zweite Frau der Welt den Titel „Flugkapitän".

Frühjahr 1938: Hanna Reitsch, die erste Frau mit Helikopter-Lizenz, unternimmt in der riesigen Berliner Deutschlandhalle mit einem Hubschrauber den ersten Hallenflug der Welt.

2. Juli 1938: Den russischen Pilotinnen Walentina Stepanowna Grisodubowa (1910–1993), Wera Lomako (geboren 1913), Polina Ossipenko (1907–1939) und Marina Raskowa (1912–1943) gelingt ein Weltrekord-Fernflug für Frauen von Sewastopol nach Archangelsk über 2.416 Kilometer.

24./25. September 1938: Marina Raskowa, Walentina Stepanowna Grisodubowa und Polina Ossipenko stellen mit einem 5.908,610 Kilometer langen Fernflug von Moskau nach Kerbi unweit des Ochotskischen Meeres einen Weltrekord für Frauen auf. Am 2. November 1938 erhalten sie für diesen Weltrekord-Fernflug als erste Frauen der sowjetischen Geschichte den Titel „Held der Sowjetunion".

1939: Willa Brown Chappell (1906–1992) wird die erste Afro-amerikanerin mit kommerzieller Pilotenlizenz in den USA

1939/1940: Beate Köstlin (1919–2001), später Beate Uhse, wirkt als erste deutsche Stuntpilotin in den Filmen „D III 88" (1939) und „Achtung, Feind hört mit" (1940) mit.

1. Juli 1941: Die Amerikanerin Jacqueline Cochran überführt als erste Frau einen Bomber über den Atlantik.

Ab 1941: Marina Raskowa und sechs andere weibliche Offiziere organisieren drei nur aus Frauen bestehende sowjetische Fliegerregimenter. Am Ende der Ausbildung werden in Engels drei Regimenter aufgestellt: das 586. Jagdfliegerregiment mit „Jak-2", das 587. Tagbomberregiment mit „Pe-2"-Flugzeugen und das mit „U-2" ausgerüstete 588. Nachtbomberregiment („Nachthexen"). Kommandantinnen des 586. Jagdfliegerregiments sind: Lydia Litvak, Raisa Belyayeva, Tamara Pamyatnykh, Raya Surnachevskaya, Marina Kuznetsova. Kommandantinnen des 587. Tagbomber-regiments: Kladiya Fomicheva, Marina Raskowa, Nadeshda Fedutenko. Kommandantinnen des 588. Nachtbomber-regiments: Yevodokya Bershanskaya, Yevgeniya Zhigulenko, Tatyana Makorova, Yevdokia Nosal, Nina Ulynenko.

Oktober 1942: Hanna Reitsch fliegt in Augsburg bei „Messerschmitt" das erste Raketenflugzeug der Welt.

21. März 1943: Cornelia Clark Fort (1919–1943) stirbt bei der Überführung einer Maschine des Typs „BT-13A" als erste Pilotin im Dienst der US-Army, als sie über Merkel, Taylor County (Texas), mit einem anderen Flugzeug zustammenstößt. An sie erinnert der 1945 nach ihr benannte „Cornelia Fort Airport" in Nashville (Tennessee).

14. Okober 1944: Die Amerikanerin Ann G. Baumgartner Carl (1918–2008) ist die erste Frau in einem Turbojet-Kampfflieger.

1948: Betty Skelton Frankman Erde (geboren 1926) wird die erste US-Meisterin in Luftakrobatik.

1949: Betty Skelton Frankman Erde stellt mit 7.853 Metern einen Höhenweltrekord für Frauen auf.

16. September 1950: Nancy Bird Walton (1915–2009) gründet die australische Pilotinnenorganisation „Australian Women Pilot's Association" („AWPA")

März 1951: Die deutsche Pilotin Liesel Bach (1905–1992) fliegt als erste Frau über den Himalaja.

1951: Betty Skelton Frankman Erde stellt mit 8.850 Metern einen weiteren Höhenweltrekord für Frauen auf.

April 1953: Iris Wittig (1928–1978) fliegt zusammen mit einem sowjetischen Instrukteur als einer der ersten Piloten in einer „MiG-15UTI", dem ersten Strahlflugzeug der „DDR".

4. Juni 1953: Die amerikanische Pilotin Jacqueline Cochran erreicht mit einem Düsenjäger des Typs „F-86 Sabre" eine Durchschnittsgeschwindigkeit von 1.042 Stundenkilometern und durchbricht dabei in Sturzflügen aus 14.000 Meter Höhe als erste Frau zwei Mal die Schallmauer.

August 1953: Die französische Fliegerin Jacqueline Auriol (1917–2000) durchbricht mit einem Düsenjäger des Typs „Mystère" mit einer Geschwindkeit von 1.195 Stundenkilometern als erste Europäerin die Schallmauer (Mach1).

1960-er Jahre: Jerrie Cobb besteht als erste Amerikanerin alle drei Tests für das von Jacqueline Cochran finanzierte Programm „Mercury 13“. Mit diesem privat finanzierten Programm, das nicht Teil der Astronautenrekrutierung der „NASA“ ist, will man beim Wettrennen im Weltraum mit der ersten Frau im All der Sowjetunion zuvorkommen. Der Name des Projektes beruht darauf, dass von den insgesamt 20 getesteten Frauen 13 die Tests bestehen: außer Jerrie Cobb später auch Myrte Cagle, Jan Dietrich, Marion Dietrich, Wally Funk, Janey Hart, Jean Hixson, Gene Nora Stumbough, Irene Leverton, Bernice Steadman, Sarah Ratley, Jerri Truhill und Rhea Woltman. Jerry Cobb, Rhea Hurle und Wally Funk unterziehen sich in Oklahoma City noch weiteren Tests und einer psychologischen Bewertung. Wenige Tage, bevor einige Frauen sich erweiterten Tests in Pensacola (Florida) in der „Naval School of Aviation Medicine“ mit Militärausrüstung und Jets unterziehen sollen, erhalten sie ein Telegramm, in dem der Abbruch des Projekts mitgeteilt wird. Die Navy ist nicht bereit, ihr Equipment für ein inoffizielles Projekt bereitzustellen. Im Mai 2007 verleiht die „University of Wisconsin-Oshkosh“ den damals noch acht lebenden Frauen von „Mercury 13“ Ehrendoktortitel für ihren „Pioniergeist und die Anstrengungen bei der Weiterentwicklung der Frauenrechte“.

16. Juni 1963: Die russische Kosmonautin Walentina Tereschkowa startet in Baikonur (Kasachstan) an Bord des Raumschiffes „Wostock VI“ als erste Frau ins Weltall. Sie umkreist 49 Mal die Erde, bevor sie am 19. Juni 1963 in Novosivbirsk landet.

26. August 1963: Diana Barnato Walker (1918–2008) durchbricht als erste Britin die Schallmauer.

19. März bis 17. April 1964: Geraldine „Jerry“ Mock fliegt als erste Amerikanerin erfolgreich um die Welt. Vor ihr hatte dies 1931 schon die deutsche Fliegerin Elly Beinhorn getan. Weil der Weltflug von Elly Beinhorn in den USA nicht allgemein bekannt ist, wird Geraldine „Jerry“ Mock dort oft irtümlich als Frau erwähnt, die als Erste um die Welt geflogen sein soll

Juni 1966: Berta Zeron (1924–2000) wird die erste Frau in Mexiko mit einem kommerziellen Pilotenschein.

1966: Die britische Pilotin Sheila Scott (1927–1988) fliegt 50.000 Kilometer in 189 Flugstunden.

1967: Ursula Bühler-Hedinger (1943–2009) wird die erste schweizerische Linienpilotin und Jetpilotin.

28. März 1967: Fiorenza de Bernardi wird die erste Airline-Pilotin in Italien (nach eigenen Angaben die fünfte der Welt) und im selben Jahr in ihrem Heimatland auch der erste weibliche Flugkapitän.

1969: Turi Wideroe wird der erste weibliche Luftverkehrspilot bei einer großen Fluggesellschaft in Norwegen – bei „Scandinavian Airlines Systems“ („SAS“).

28. Juni 1971: Die amerikanische Pilotin Louise Sacchi (1913–1997) stellt bei einem Flug von New York nach London innerhalb von 17 Stunden 10 Minuten einen Geschwindigkeitsrekord auf.

1971: Sheila Scott fliegt bei einem Langstreckenflug über 50.000 Kilometer als erste Frau mit einem Leichtflugzeug über den Nordpol.

29. Januar 1973: Emily Howell Warner wird die erste Pilotin für eine kommerzielle Airline in den USA.

22. Februar 1974: Barbara Ann Rainey (1948–1982) wird die erste Pilotin der „United States Navy“.

4. Juni 1974: Sally Murphy qualifiziert sich als erste Frau als Pilotin für die „United States Army“.

1974: Die Italienerin Fiorenza di Bernardi wird die erste Gletscherpilotin der Welt.

1974: Die Amerikanerin Marry Barr wird die erste Pilotin in der Forstwirtschaft („United States Forest Service“) der USA.

1974: Captain Leslie F. Kenne wird die erste Frau an der Testpilotenschule der US-Luftwaffe.

1974: Wally Funk wird die erste Inspektorin der Flugsicherung innerhalb der amerikanischen Verkehrsbehörde „National Transportation Safety Board“ („NTSB“) in Washington D.C. Die „NTSB“ befasst sich mit der Aufklärung von Unglücksfällen im Transportwesen (Eisenbahnen, Luftfahrt, Schifffahrt, Pipelines und Autobahnen). Für die Luftfahrt entspricht der Aufgabenbereich der Bundesstelle für Flugunfalluntersuchung in Deutschland.

6. Juni 1976: Emily Howell Warner wird der erste weibliche Kapitän einer US-Airline.

Ende 1976: Die deutsche Pilotin Rita Maiburg (1951–1977) wird der erste und einzige weibliche Flugkapitän im regulären Liniendienst der westlichen Welt. Die Bulgarin Maria Atanasova kommandiert damals eine düsengetriebene Frachtmaschine, die Engländerin Yvonne Sintes ist Captain bei einer britischen Chartergesellschaft.

1976: Rosemary Bryant Mariner fliegt als erste Frau ein leichtes Kampfflugzeug.

1978: Rhea Seddon (geb. 1947) , Kathryn Sullivan (geb. 1951), Judith A. Resnik (1949–1986), Sally Kristen Ride (geb. 1951), Anna Lee Fisher (geb. 1949) und Shannon Lucid (geb. 1942) werden als erste Frauen in das Astronautencorps der „NASA" aufgenommen.

11. April 1980: Eleanor Conn unternimmt mit ihrem Ehemann Sidney Conn die erste Ballonfahrt über den Nordpol.

2. Juli 1980: Die Amerikanerin Lynn Rippelmeyer fliegt als erste Frau einen Jumbo-Jet „Boeing 747".

3. Dezember 1980: Die Amerikanerin Janice Brown unternimmt in der Nähe von Marana (Arizona) mit einem kleinen Solarflugzeug namens „Solar Challenger" den ersten Langstrecken-Solarflug (Flugstrecke 6 Meilen, Flugzeit 22 Minuten).

1980: Deborah Jane Lawrie wird die erste Pilotin bei einer australischen Fluggesellschaft.

14. Februar 1981: Neta Snook (1896–1991) ist mit 85 Jahren die älteste Pilotin der USA.

11. März 1981: Die Amerikanerin Doris Grove stellt mit 1.127,68 Kilometern einen Segelflug-Weltrekord auf.

17. Dezember 1982: Die amerikanische Pilotin Mary Haizlip (1910–1997) wird als erste Frau in der Luft- und Raumfahrt in

die „Oklahoma Aviation and Space Hall of Fame" aufgenommen.

18. Juni 1983: Die Astronautin Sally Kristen Ride fliegt als
erste Amerikanerin im Weltall.

1983: Regula Eichenberger wird die erste Linienpilotin bei einer
schweizerischen Airline („Crossair").

19. Juli 1984: Die amerikanische Pilotin Lynn Rippelmeyer
fliegt als erster weiblicher Kapitän mit einer „Boeing 747" über
den Atlantik. Der Start erfolgt in Newark, die Landung in
London-Gatwick.

19. Juli 1984: Die amerikanische Pilotin Beverly Lynn Burns
fliegt als erster weibliche Kapitän mit einer „Boeing 747" über
die USA. Ihr historischer Flug mit einer Maschine der
Fluggesellschaft „PEOPLExpress" führt von Newark nach
Los Angeles.

25. Juli 1984: Die sowjetische Kosmonautin Swetlana Sawizkaja unternimmt als erste Frau einen Spaziergang im Weltall.

11. Oktober 1984: Die Astronautin Kathryn Dwyer Sullivan
unternimmt als erste Amerikanerin einen Spaziergang im
Weltall.

14. Dezember 1986: Die amerikanische Astronautin Jeana
Yeaeger startet zusammen mit Dick Rutan mit einem Voyager-
Flugzeug zur ersten Nonstop-Weltraumumrundung ohne
Auftanken und Zwischenlanden. Sie fliegen in 9 Tagen 3
Minuten 44 Sekunden eine Strecke von insgesamt 42.120
Kilometern.

1989: Gaby Kennard fliegt als erste Australierin mit einem Flugzeug des Typs „Piper Saratoga" namens „Gerty" in 99 Tagen allein um die Welt.

1990: Allana Arnot (geb. 1967) fliegt als erste Australierin mit einem Hubschrauber um die Welt.

1990: Rosemary Bryant Mariner wird die erste Kommandantin einer operativen Fliegerstaffel in den USA.

Winter 1990: Rosella Bjornsön wird der erste weibliche Kapitän für eine kommerzielle Fluggesellschaft in Kanada.

14. Mai 1992: Die amerikanische Astronautin Kathryn Thornton unternimmt den längsten Spaziergang im Weltall. Er dauert 7 Stunden 44 Minuten.

12. bis 20. September 1992: Carol Mae Jemison fliegt mit der Raumfähre „Endeauvour" als erste afro-amerikanische Austronautin im Weltall.

1. Oktober 1992: Die Amerikanerin Victoria („Vicki") von Meter (1982–2008) erregt als jüngste Fliegerin der Welt großes Aufsehen. Sie steuert als Zehnjährige erstmals ein Flugzeug,

25. März 1993: Die Britin Barbara Hamer ist die erste Frau, die – als Erster Offizier und Kopilotin – mit einem kommerziellen Überschallflugzeug fliegt. Dies geschieht bei einem Flug mit „British Airways" auf der „Concorde" von London nach New York City.

20. bis 23. September 1993: Vicki van Meter überfliegt im Alter von elf Jahren die USA – von Augusta (Maine) nach San Diego (Kalifornien).

1993: Sarah Deal wird erster weiblicher Pilot des „United States Marine Corps“.

21. April 1994: Jackie Parker qualifiziert sich als erste Pilotin für das F-16-Kampfflugzeug.

4. bis 7. Juni 1994: Vicki van Meter überfliegt im Alter von zwölf Jahren den Atlantik.

12. Juli 1994: Die elfjährige Amerikanerin Katrina Mumaw wird das „schnellste Kind der Welt“: Sie bricht zusammen mit einem russischen Piloten in einem „MiG-29“-Kampfjet die Schallmauer.

1994: Kara Hultgreen wird die erste Kampfpilotin der US-Marine in einer „F-14 Tomcat“.

3. Oktober 1994 bis 22. März 1995: Die Russin Elena Kondakowa, nach anderer Schreibweise Yelena Vladimirovna Kondakova, unternimmt den ersten Dauerflug einer Frau im Weltall.

3. bis 11. Februar 1995: Eileen Collins wird die erste amerikanische Raumfährenpilotin bzw. Shuttlepilotin.

1995: Martha McSally unternimmt bei der Operation „Southern Watch“ als erste Pilotin der US-Luftwaffe (von Kuwait aus) Kontrollflüge in feindlichem Gebiet (Irak). Sie ist die erste Pilotin der „U.S. Air Force“, die mit einem Militärflugzeug über Feindgebiet fliegt.

22. März bis 26. September 1996: Shannon Lucid wird mit einem 188 Tage langen Flug die Amerikanerin, die sich am längsten im Weltraum aufhält.

19. November 1997: Kalpana Chawla (1961–2003) unternimmt mit der amerikanischen Raumfähre „Columbia“ als erste Inderin einen Flug im Weltall.

16. Dezember 1998: Kendra Williams, Leutnant bei der „United States Navy“, bombardiert bei der Operation „Desert Fox“ als erster weiblicher Kampfpilot der USA über dem Irak ein feindliches Ziel.

12. Januar 1999: Erstmals ist das Cockpit einer „Swissair“-Maschine ausschließlich mit Frauen besetzt: Kapitän Gabrielle Musy-Lüthi und Kopilotin Claudia Wehrli fliegen einen „Airbus A320“ von Zürich-Kloten nach Paris.

23. bis 28. Juli 1999: Eileen Collins wird die erste Kommandantin einer amerikanischen Raumfähre („Space Shuttle“).

Januar bis Mai 2001: Die Britin Polly Vacher unternimmt als erste Frau mit einem Kleinflugzeug („Piper PA-28 Cherokee Dakota G-FRGN“) – über Australien – einen Flug um die Welt.

6. Mai 2003 bis 27. April 2004: Polly Vacher fliegt von Birmingham aus über den Nordpol, die Antarktis und alle Erdteile. Damit wird sie die erste Frau, die allein die Polarregionen überquert. Bei diesem Unternehmen fliegt sie auch innerhalb von 16 Stunden von Hawaii nach Kalifornien.

Um 2005: Hanadi Zakaria al-Hindi wird der erste weibliche Flugkapitän in Saudi-Arabien.

13. März 2006: Die amerikanische Pilotin Elizabeth A. Okoreeh-Baah fliegt als erste Frau ein senkrecht startendes „V-22 Osprey Tiltrotor“-Flugzeug.

2006: Nicole Malachowski wird als erste Frau bei den „Thunderbirds“, einer Kunstflugstaffel der Luftstreitkräfte der USA, aufgenommen.

18. bis 29. September 2006: Die amerikanisch-iranische Multimillionärin Anoushe Ansari wird der erste weibliche Weltraumtourist, der erste weibliche Muslim und die erste Iranerin im Weltraum. Sie startet am 18. September 2006 mit einem Sojus-Raumschiff zur „Internationalen Raumstation“ („ISS“), erreicht am 20. September die „ISS“ und kehrt am 29. September 2006 mit „Sojus TMA-8“ zur Erde zurück.

Literatur

AURIOL, Jacqueline: I Live to Fly, Paris o. J.
HARGRAVE THE PIONEERS, Aviation and Aeromodelling
– Interdependent Evolutions and Histories
 www.ctie.monash.edu.au
KERDORFF, Ursula von: Jacqueline, die „Löwin der Lüfte".
Süddeutsche Zeitung, 16. Oktober 1956, München
LEBOW, Eileen F.: Before Amelia. Women pilots in the early
days of aviation, Dulles/Virginia 2003
PALUEL-MARMONT: Princesses de l'air, Paris 1954
NINETY NINES www.ninety-nines.org
PROBST, Ernst: Königinnen der Lüfte von A bis Z. Bio-
grafien berühmter Fliegerinnen, Ballonfahrerinnen, Luft-
schifferinnen, Fallschirmspringerinnen und Astronautinnen,
München 2010
PFISTER, Gertrud: Fliegen – ihr Leben. Die ersten Pilotinnen,
Berlin 1989
REBMANN, Jutta: Als Frau in die Luft ging. Die Geschichte
der frühen Pilotinnen, Köln 2007
REDIER, Antoine: Hélène Boucher, jeune fille francaise, Paris
1935 (mit einem Vorwort von Luftfahrtminister General
Denain)
SCHAD, Martha: Madeleine Sophie Blanchard. Aus: Frauen,
die die Welt bewegten. Geniale Frauen, der Vergangenheit
entrissen, S. 26–27, Augsburg 1997
THE EARLY BIRDS OF AVIATION
http://earlyaviators.com
WIKIPEDIA (Online-Lexikon) http://wikipedia.org
WOMEN IN AVIATION HISTORY:
http://wiai.org/information/history.html

Bildquellen

Reproduktion einer Postkarte um 1921: 1

Croquant / CC-BY-SA3.0: 6 (via Wikimedia Commons), lizensiert unter CreativeCommons-Lizenz by-sa-3.0-fr, http://creativecommons.org/licenses/by-sa/3.0/legalcode

Reproduktion einer Abbildung aus „Le Figaro": 8 (via Wikimedia Commons), Lizenz: gemeinfrei (Public domain)

Reprodukton eines Fotos „Le viaduc, Arcueil" von Adolphe Braun (1811–1877) von 1871: 10

Reproduktion eines Fotos von Valerio Vallini vom 14. April 1905: 12

Library of Congress, Prints and Photographs Division, George Grantham Bain Collection, Washington: 16 (digitale ID cph.3a35973)

Reproduktion eines Fotos von 1918 aus „El Observador Aeronáutico. Escritos sobre aviación chilena": 18 (via Wikimedia Commons), Lizenz: gemeinfrei (Public domain)

Jorge Morales Piderit: 19 (via Wikimedia Commons), Lizenz: gemeinfrei (Public domain)

Lgtrapp: 20 (via Wikimedia Commons), Lizenz gemeinfrei (Public domain)

Dr. David Lam, Everberg, Belgien: 21, 28

Archiv International Women's Air & Space Museum, Burke Lakefront Airport, Cleveland in Ohio: 22

World Imaging (Foto von 1914): 27 (via Wikimedia Commons), Lizenz: gemeinfrei (Public domain)

Reproduktion eines Fotos eines unbekannten Fotografen auf einer Postkarte von 1933: 32

Reproduktion eines Fotos eines unbekannten Fotografen auf einer Postkarte aus den 1920-Jahren: 33

Reproduktion eines Fotos vom Mai 1935: 34 (via Wikimedia Commons): Lizenz: gemeinfrei (Public domain)

Klaus Benz, Fotograf, Mainz-Laubenheim: 73

Der Autor

Ernst Probst, geboren am 20. Januar 1946 in Neunburg vorm Wald im bayerischen Regierungsbezirk Oberpfalz, ist Journalist und Wissenschaftsautor. Er arbeitete von 1968 bis 1971 als Redakteur bei den „Nürnberger Nachrichten", von 1971 bis 1973 in der Zentralredaktion des „Ring Nordbayerischer Tageszeitungen" in Bayreuth und von 1973 bis 2001 bei der „Allgemeinen Zeitung", Mainz. In seiner Freizeit schrieb er Artikel für die „Frankfurter Allgemeine Zeitung", „Süddeutsche Zeitung", „Die Welt", „Frankfurter Rundschau", „Neue Zürcher Zeitung", „Tages-Anzeiger", Zürich, „Salzburger Nachrichten", „Die Zeit", „Rheinischer Merkur", „Deutsches Allgemeines Sonntagsblatt", „bild der wissenschaft", „kosmos", „Deutsche Presse-Agentur" (dpa), „Associated Press" (AP) und den „Deutschen Forschungsdienst" (df). Aus seiner Feder stammen die Bücher „Deutschland in der Urzeit" (1986), „Deutschland in der Steinzeit" (1991), „Rekorde der Urzeit" (1992), „Dinosaurier in Deutschland" (1993 zusammen mit Raymund Windolf) und „Deutschland in der Bronzezeit" (1996). Insgesamt veröffentlichte Ernst Probst mehr als 200 Bücher, Taschenbücher, Broschüren und E-Books.

E-Books über „Königinnen der Lüfte"

Aida de Acosta. Erster Alleinflug mit einem lenkbaren
Luftschiff
Elsa Andersson. Die erste Pilotin aus Schweden
Jacqueline Auriol. Sie durchbrach als erste Europäerin
die Schallmauer
Liesel Bach. Deutschlands erfolgreichste Kunstfliegerin
Pancho Barnes. Amerikas erste Stuntpilotin
Maryse Bastié. Die Fliegerin, die acht Weltrekorde brach
Jean Batten. Neuseelands berühmteste Pilotin
Melli Beese. Die erste Deutsche mit Pilotenlizenz
Elly Beinhorn. Deutschlands Meisterfliegerin
Vera von Bissing. Eine Kunstfliegerin
der 1930-er Jahre
Sophie Blanchard. Die erste professionelle Luftschifferin
Adrienne Bolland. Die erste Frau, die über die Anden flog
Hèléne Boucher. Die französische „Wunderfliegerin"
Kalpana Chawla. Die erste Inderin im Weltall
Jacqueline Cochran. Die „schnellste Frau der Welt"
Bessie Coleman. Die erste Afro-Amerikanerin mit
Pilotenschein
Eileen Collins. Die erste Raumfähren-Pilotin
Hèléne Dutrieu. Die erste Pilotin in Belgien
Amelia Earhart. Die erste Frau, die zwei Mal über den
Atlantik flog
Ruth Elder. Die erste Frau, die den Flug über den Atlantik
wagte
Marga von Etzdorf. Die tragische deutsche Fliegerin
Elise Garnerin. Die „Venus im Ballon"
Sabiha Gökcen. Die erste türkische Pilotin
Frances Wilson Grayson. Tragischer Flug über den Atlantik
Hilda Hewlett. Die erste britische Fliegerin

Maryse Hilsz. Die Rekordfliegerin aus Frankreich
Luise Hoffmann. Die erste deutsche Einfliegerin
Kara Spears Hultgreen. Die erste „F-14 Tomcat“-
Kampfpilotin
Laura Ingalls. Die erste Amerikanerin, die über Südamerika
flog
Carol Mae Jemison. Die erste afro-amerikanische
Astronautin
Amy Johnson-Mollison. Englands erste
Flugzeugmechanikerin
Thea Knorr. Die erste Schleißheimer Fliegerin
Raymonde de Laroche. Die erste Pilotin der Welt
Ruth Law. Erste Luftpost für die Philippinen
Anne Morrow Lindbergh. Die erste Amerikanerin mit
Segelflugschein.
Anne Löwenstein-Wertheim. Die fliegende Prinzessin
Shannon Lucid. Der längste Raumflug einer Frau
Rita Maiburg. Einer der ersten weiblichen
Linienflugkapitäne
Beryl Markham. Die erste Berufspilotin in Ostafrika
Marie Marvingt. Die „Mutter der Luftambulanz“
Christa McAuliffe. Die amerikanische Nationalheldin
Victoria van Meter. Die jüngste Fliegerin der Welt
Jerry Mock. Im Alleinflug um die Erde
Mathilde Moisant. Eine frühe Fliegerin in den USA
Käthe Paulus. Deutschlands erste Luftschifferin
Thérèse Peltier. Die erste Flugzeugpassagierin der Welt
Harriet Quimby. Die erste Amerikanerin mit Flugschein
Bessica Medlar Raiche. Eine der ersten Fliegerinnen
in den USA
Barbara Allen Rainey. Die erste Marinepilotin der USA
Thea Rasche. The Flying Fräulein
Marina Raskowa. Eine fliegende „Heldin
der Sowjetunion“

Wilhelmine Reichard. Die erste Ballonfahrerin
in Deutschland
Hanna Reitsch. Die Pilotin der Weltklasse
Sally Kristen Ride. Die erste Amerikanerin
im Weltall
Swetlana Sawizkaja. Die erste Spaziergängerin im Weltall
Christl-Marie Schultes. Die erste Fliegerin in Bayern
Blanche Stuart Scott. Die erste Amerikanerin, die ein
Flugzeug flog
Melitta Schenk Gräfin von Stauffenberg.
Deutsche Heldin mit Gewissensbissen
Katherine Stinson und Marjorie Stinson. Die fliegenden
Schwestern
Kathryn Dwyer Sullivan. Rekordspaziergängerin
im Weltall
Walentina Tereschkowa. Die erste Frau im Kosmos
Élisabeth Thible. Die erste Passagierin einer Montgolfière
Kathryn Thornton. Berühmte Spaziergängerin
im Weltall
Sabine Trube. Die deutsche Düsenjet-Kommandantin
Beate Uhse. Deutschlands erste Stuntpilotin
Nancy Bird Walton. Australiens erste und jüngste
Verkehrspilotin

Bestellungen bei: www..grin.com

Bücher von Ernst Probst

Christl-Marie Schultes. Die erste Fliegerin in Bayerm
(zusammen mit Theo Lederer)
Der Schwarze Peter. Ein Räuber im Hunsrück
und Odenwald
Elisabeth I. Tudor. Die jungfräuliche Königin
Julchen Blasius. Die Räuberbraut des Schinderhannes
Frauen im Weltall
Königinnen der Lüfte in Deutschland
Königinnen der Lüfte von A bis Z. Biografien berühmter
Fliegerinnen, Ballonfahrerinnen, Luftschifferinnen,
Fallschirmspringerinnen, Astronautinnen
und Kosmonautinnen
Königinnen des Films
Königinnen des Tanzes
Königinnen des Theaters
Machbuba. Die Sklavin und der Fürst
Maria Stuart. Schottlands tragische Königin
Meine Worte sind wie die Sterne. Die Entstehung der Rede
des Häuptlings Seattle (zusammen mit Sonja Probst)
Sturzflüge für Deutschland. Kurzbiografie der Testpilotin
Melitta Schenk Gräfin von Stauffenberg (zusammen mit
Heiko Peter Melle)
Tony und Bruno Werntgen. Zwei Leben die für Luftfahrt
(zusammen mit Paul Wirtz)
Superfrauen 1 – Geschichte
Superfrauen 2 – Religion
Superfrauen 3 – Politik
Superfrauen 4 – Wirtschaft und Verkehr
Superfrauen 5 – Wissenschaft
Superfrauen 6 – Medizin
Superfrauen 7 – Film und Theater

Superfrauen 8 – Literatur
Superfrauen 9 – Malerei und Fotografie
Superfrauen 10 – Musik und Tanz
Superfrauen 11 – Feminismus und Familie
Superfrauen 12 – Sport
Superfrauen 13 – Mode und Kosmetik
Superfrauen 14 – Medien und Astrologie
Superfrauen aus dem Wilden Westen
Rekorde der Urzeit. Landschaften, Pflanzen
und Tiere
Rekorde der Urmenschen. Erfindungen, Kunst
und Religion
Archaeopteryx. Die Urvögel aus Bayern
Der Ur-Rhein. Rheinhessen vor zehn Millionen Jahren
Der Rhein-Elefant. Das Schreckenstier
von Eppelsheim
Höhlenlöwen. Raubkatzen im Eiszeitalter
Der Mosbacher Löwe. Die riesige Raubkatze
aus Wiesbaden
Säbelzahnkatzen. Von Machairodus bis zu Smilodon
Der Höhlenbär
Monstern auf der Spur. Wie die Sagen über Drachen, Riesen
und Einhörner entstanden
Affenmenschen. Von Bigfoot bis zum Yeti
Seeungeheuer. Von Nessie
bis zum Zuiyo-maru-Monster

Der Ball ist ein Sauhund. Weisheiten und Torheiten
über Fußball (zusammen mit Doris Probst)
Worte sind wie Waffen. Weisheiten und Torheiten
über die Medien (zusammen mit Doris Probst)
Weisheiten der Indianer

Bestellungen bei: www..grin.com

BEI GRIN MACHT SICH IHR WISSEN BEZAHLT

- Wir veröffentlichen Ihre Hausarbeit, Bachelor- und Masterarbeit

- Ihr eigenes eBook und Buch - weltweit in allen wichtigen Shops

- Verdienen Sie an jedem Verkauf

Jetzt bei www.GRIN.com hochladen und kostenlos publizieren